聖書的「終活」のススメ

君たちはどう生きているか

田中 啓介
Tanaka Keisuke

風詠社

はじめに

国民の四人に一人が65歳以上と言う超高齢化社会の日本にあって、近年「終活」と言う言葉をよく聞くようになりました。特にコロナ禍以降、「人生何が起こるか分からない、死が身近になった」と感じる人々が増えて来たことも事実です。最近の調査では、60歳以上の8割近い人たちが終活の必要性を感じており、4割近い人たちは何らかの活動をしていると言われています。終活を行う理由として一番多いのは、「家族に迷惑をかけたくないから」だそうですが、そこには、立つ鳥跡を濁さずと言う、日本人ならではの美意識が感じられます。

終活の内容については、個人の環境によって異なりますが、エンディングノートの項目などを見てみますと、お墓の準備やお葬式の段取り、家や財産整理、健康管理や人間関係の見直し等々、財産に関するカネの部分と、家や遺品に関するモノの部分と、健康管理や人間関係の見直しと言ったコトの部分の、大きく三つあることが分かります。

これらを全て棚卸しして、人生の総括をする訳ですが、何故、棚卸しが必要なのでしょうか？　それは言うまでもなく、これらのものは自分が死んでしまった後は、何一つ持って行くことが出来ないからです。つまり終活とは、「自分からカネ、モノ、コトを全て取り外した状態を、自分が生きている間に想定して生きること」であると言えるでしょう。

今まで、自分が一生懸命に得て来たものを全て取り外した後、一体自分には何が残るのか？　少なくとも言えることは、もはや後悔とか試行錯誤を繰り返している段階ではありません。つまり、終活期においては、「どう生きるか？」ではなく、「どう生きているか？」が、問われるのです。

そうしたことを考えますと、終活の最終目的は結局、「心の平安」に辿り着くのではないかと思います。ところが、そうした精神的な部分は、本人次第と言うことなのでしょうか、一般的な終活ではほとんど触れられていません。

私は牧師という仕事柄、冠婚葬祭（特に「葬」）に出席する機会が多いのですが、その都度思わされることは、死の順番は必ずしも年齢順ではないと言うことです。従って、終活に早い遅いはないのですが、早いに越したことはありません。

では、心の平安とは何なのか？　何か言い尽くされた感のある言葉ですが、本書では、カネ、モノ、コト以外のココロの部分に焦点を当て、聖書の言葉と先人たちの知恵を交えながら、宗教的ではなく、普遍的なお話しをして行きたいと思います。

神は、その独り子をお与えになったほどに、世を愛された。御子を信じる者が一人も滅びないで、永遠の命を得るためである。

ヨハネによる福音書　3章16節

［注］本書の聖書の言葉は「聖書協会共同訳」によるものです。

目次

装幀　２ＤＡＹ

聖書的「終活」のススメ

君たちはどう生きているか

第一章　新しい人生への転機

誰もが幸せになれる

「あなたにとって幸せとは何ですか？」と十人に聞けば、おそらく十通りの答えが返って来ると思います。銀行の預金残高が増えることが幸せという人、美味しいものを食べることに幸せを感じる人、寝ている時が一番幸せという人もいるかも知れません。もし、お金持ちになることが一番の幸せだとしたら、誰かがお金持ちになる一方で、誰かが貧乏になる訳ですから、この世は、殺伐とした世界になってしまいます。つまり、人生は、他人がどう思おうが、自分だけが幸せであればそれでいいと言う訳ではないのです。

また、お金を持っていない人より、お金持ちの方が幸せに決まっているとも言えないことが、人間は歳を重ねて行くにつれて少しずつ見えて来ます。お金を持っていても、家族や健康に恵まれていない人や、好きなことをやっているはずなのに空しさを抱えている人は、世の中にいくらでもいるからです。また、少しでもいい学校に入り、いい会社に勤め、少しでも快適な家に住んでと言った社会通念が、そのまま自分にも当てはまると言う訳でもありません。

心の貧しい人々は、幸いである。天の国はその人たちのものである。

（マタイによる福音書　5章3節）

イエス・キリストが初めて群衆を前にして語った言葉です。何故、貧しい人が幸いなのでしょうか？　それは、カネ、モノ、コトは、最終的な人の幸せとは関係がないからです。事実、私たち一般人から見たら、羨むような立場にいる人たちが何故、アルコール中毒になったり、自死したりするのでしょうか？　それが何よりの証拠です。人は自分の持ち物が増えればその分、悩みも増え、次は自分が得て来たものを失うことに対して恐れを抱いてしまうからです。

ここでイエスが言われた「幸い」とは、マカリオスと言うギリシア語で、周囲の状況には左右されない祝福に満ちた状態のことを言います。一方、私たちの幸せであるHappyの語源はHappenで、偶然起きた出来事によって左右されてしまいます。つまり、宝くじが当たればHappyで、財布を落としたらUnhappyと言う訳ですが、こうした偶然に左右される幸せが、真の幸福であるとは言えません。

因みにこの言葉は、四人の異なる人たちによって記された福音書と言う、イエスに関する証言記録に記されています。この書が書かれた時代は、イエスに実際に会ったことのある人や、十字架の現場を見たり、知っていた人たちが未だ生きていた時代ですので、もし、そこに一つでも虚偽や誇張があったとしたら、この記録は元祖フェイクニュースとして、長い歴史の中で完全に淘汰されていたことでしょう。

私は以前、ハワイの島の間を結ぶ、小型連絡飛行機に乗ったことがあるのですが、その時にとても怖い思いをしました。離陸数分前の私の席の窓から、白い煙がプロペラエンジンから出ているのが見えたのです。それでも、そのまま離陸しようとする飛行機の中で私は「神様、どうかこの飛行機を飛ばさないでください!!」と必死で祈りました。幸い、この時は事なきを得たのですが、窓から見える綺麗な景色も、美味しい機内食も、美しいフライトアテンダントも、いつ落ちるか分からない飛行機の中では、全く意味を成しません。

それでも世の中の多くの人たちは、別に神などいなくても十分幸せで、人生をエンジョイしているかのように見えます。しかし、人生の最終地点である死という現実を否定出来ない以上、私たちの人生は基本、この飛行機と同じです。その途中でいくら幸せなことがあろうと、それはあくまで一時的なHappyであって、真の幸せ・マカリオスにはなり得ないのです。

「人間の心には、神にしか埋めることが出来ない空洞がある」とパスカル[註1]は言いました。この言葉は、信仰を持っている持っていないに関わらず、誰の心にも「祈る」と言う気持ちが存在していることとリンクします。最初に結論を言ってしまいますと、この世の王様であるカネにつくか、この世とあの世の王様であるカミにつくかで、人の人生は完全に二つに分かれるのです。

自分の心の中の空洞に気付き、それを埋める方法はあるのだろうか?と、真摯に求め続けて来た人が、周囲の状況には左右されない、真の幸いに辿り着くことが出来ます。その意味において終活は、人間を本来あるべき人生観に立ち返ることを示唆してくれる絶好の機会なのです。

あなたがたの内に働いて、御心のままに望ませ、行わせておられるのは神であるからです。

（フィリピの信徒への手紙　2章13節）

［註1］ブレーズ・パスカル（1623-1662）フランスの哲学者、物理学者、数学者。「人間は考える葦である」等、数多くの名言を残した。

あなたが存在する理由

今、あなたがここに存在していることは、紛れもない事実ですが、その事実に対して説明する方法が二つあります。一つは、あなたは偶然の積み重ねによって今、ここにいる。もう一つは、あなたは何かしらの目的によって今、ここにいる。この前者の考え方を進化論、後者を創造論と言います。

進化論において人間は、偶然、地球上に生息している一つの生命体に過ぎません。従って、地上における戦争や自殺も、弱い者が淘汰され、人間がより高度な状態に進化して行く過程においては、肯定されるべきことになります。「神がいないところでは、ゆるされないものは何もない」このドフトエフスキー[註2]の言葉通り、進化論には善悪の尺度となる基準が存在しないのです。

加えて、地球上で最も確かだと言われている「エントロピー増大の法則」と言う、熱力学の法則があります。それは、「世の中の全てのものは無秩序な方向に向かい、自発的に元に戻ることはない」と言う自然の摂理です。例えば、いくら手入れをした庭も、数週間も放置しておけば荒れてしまい、日本庭園が偶然に出来るなどと言うことはありません。このように、世の中に存在しているものは全て、誰かが目的意識を持って、つくることによってはじめて存在するのです。

一般的に、進化論は科学で、創造論は宗教だと思われていますが、進化論、創造論共に科学的検証における仮説であり、証明出来ないと言う点においては同じです。ですから、どちらの仮説が自然界から得られるデータに対し、より矛盾なく説明出来るだろうかと言うことになるのですが、この世の不可思議に対する最良の答えとして、聖書の神の存在は際立って優れているのです。

人間は何らかの目的によって、神に創造されたとする創造論では、地上における悪や不条理について説明をする必要があります。しかし、進化論は、地上に存在する全てものについて、説明する必要があります。何故なら、人間の良心や自然治癒力、寸分違わない自然法則などの存在は、偶然の一言で説明することは出来ないからです。そして大切なことは、進化論に立つか、創造論に立つかによって、その人の生き方が大きく変わって来ると言うことです。

もし、人間が偶然の産物であるなら、そこには人間の尊厳も、人生の目的もありません。進化論の上に立ったこの世の比較競争社会の中では、一流どころか、二流にもなれない人たちがほとんどです。私たちはそうした環境の中で、自分なりの生き甲斐を見付けて必死に生きているのですが、それもいずれは死によって、手放さなければならなくなります。つまり、通過点にしか過ぎないこの世をゴールに据える人生観は、結果的に刹那的なものにならざるを得ないのです。

よく、神がいるのなら何故、その存在をもっと明確に示されないのか？と言う質問を受けるのですが、もし、

神がそれをされたとしたら、おそらくその日から、教会の前には天国への切符を求める人たちで長蛇の列になるでしょう。しかし、そこにあるのは、信仰と言う信頼関係ではなく、取り引きと言う利害関係です。聖書が神と人との関係を、夫婦関係に例えているのは、双方とも信頼関係の上で成り立っているからです。

神と人との関係も、人と人との関係も、信頼がなければ成り立ちません。従って、確かに聖書は人間の方法論によっては、証明は出来ないのですが、その真実性を示す状況証拠はいくらでもあるのです。また、人は神による被造物であるとする創造論においては、人生の存在理由について考える論理的根拠が与えられます。人は、愛し愛される対象として、神のかたちに似せてつくられました。従って、一人ひとりの価値に大きい小さいはなく、地球上において人間だけが創造者を知り、愛することが出来るのです。

こうした創造論に立って生きる生き方は、シンプル且つ明確なものになります。何故なら、この世に存在しているものは全て、その目的と用途に従ってデザインされ、生み出されたものだからです。テーブルや椅子でさえ、そうなのであれば、あなたの存在は尚更です。

「この椅子、座り心地がいいねぇ！」と言われることが椅子の幸せであるなら、「あなたがいてくれ良かった！」と誰かに思ってもらえることが、あなたの幸せであり、それがあなたの存在理由でもあるのです。

進化論に立った弱肉強食の比較競争社会の中で、ストレスと戦いながら生きるか、創造論に立って命の貴さを知り、人生の本当の意味を見い出すか、あなたはどちらの人生が、より人間らしい生き方だと思われるでしょうか？

神の見えない性質、すなわち神の永遠の力と神性は、世界の創造以来、被造物を通してはっきりと認められるからです。

（ローマの信徒への手紙　1章20節）

［註2］フョードル・ミハイロヴィチ・ドストエフスキー（1821-1881）世界１７０ヶ国語以上に翻訳されているロシア文学の文豪。彼の墓標にはヨハネによる福音書12章24節が刻まれている。

死の恐れからの解放

世の中、どのようなことにも例外と言うものがありますが、世界万国共通して絶対に例外のないことが一つだけあります。それは、生きとし生けるものはいつかは必ず死ぬと言うことです。この誰もが一度は通らなければならない死について、怖くないと言う人は誰もいません。何故なら、死には、人生の平安を阻む三つの要因があるからです。

（１）死後、自分がどうなるか分からないから。
（２）愛する人たちと別れなければならないから。

（3）自分の人生が中断させられてしまうから。

有史以来、人類が悩み続けて来たこれらの問題に対して、直ぐに答えが出せるようなら、誰も苦労はしません。かと言って、終活中の身で、学生時代と同じようなことを考えている訳にもいきませんので、今まで考察し続けて来たことを少し整理したいと思います。

まず、一つ目。もし、この世が人生の全てであるなら、それぞれ自分に合った宗教や人生観、ライフスタイルを選択すればそれで何の問題もありません。ですが、もし、死後の世界が本当にあるとするならば、それは個人的推測の範囲で終わっていい話しではありません。何故なら、この点が明確にならない限り、人は心からの平安を得ることが出来ないからです。

多くの人は、例え、天国と地獄が存在したとしても、自分は天国に行けるだろうと軽く考えています。しかし、この推測には何の根拠もありません。死後の世界観については、宗教によって異なるのですが、仏教、イスラム教、ユダヤ教、またヒンズー教など、この世のほとんどの宗教には一つの共通点があります。それは、「天国はそう容易く入れるところではない」と言う点においてです。実は、信仰の有効性は、本人の努力や能力によるのではなく、信仰の対象によるのですが、どの宗教においても、人が神の国に入るためには、多大な犠牲と修行が要求されるのです。

一方、キリスト教は、前半の部分においては、他の宗教とほぼ同じなのですが、後半の展開が全く異なります。それは、人がいくら努力をしたところで、神には決して近付くことは出来ないと言うことが、旧約聖書によって明らかになったからです。そこで、神ご自身が地上に降りて来てくださり、人が天国に入れない醜い部分（罪）を全て負って、その身代わりとなって十字架上で死んでくださり、三日後に復活された。それを信じ、受け入れ

た者には、無条件で天国への門が開かれることになった。それが新約聖書です。この話しを聞いて「そんな虫のいい話しがある訳がない」とは思われる人もいるかと思いますが、こんな虫のいい話しでなければ、人が天国に行ける方法など他にはないのです。

二つ目、私は仕事で家族と長い間、アメリカと日本で別れて暮らしていました。妻子との空港での別れは、何度経験しても辛いものでした。しかし、住んでいる国は違っても、互いにちゃんとそこで生活している訳ですから、また再会出来ることが分かっています。クリスチャンにとっての死は、それと同じです。もし、あなたに先に亡くなられた家族がいたとしても、あなたの家族は、消えた訳でも、いなくなった訳でもありません。神が住んでおられる場所で、今も生きていて、いつか必ず、あなたと再会することが出来るのです。

三つ目、自分には未だやり残した仕事がある、これからもっとやりたいことがある。にも係わらず、その完結を見る前に死ななければならないことは、本人は勿論、残された家族にとっても何と無念なことでしょうか。実際、芸術や文学の分野で天才と言われた人たちの多くは、未完の作品を残しています。

例えば、モーツァルトの「レクイエム」、ドストエフスキーの「カラマーゾフの兄弟」、ミケランジェロの「ロンダニーニのピエタ」、宮沢賢治の「銀河鉄道の夜」等々……。ところがこれら未完であるはずの作品が、彼らの完成作品に勝るとも劣らぬほどの感動を後世に与え続けているのは何故でしょうか？　それはこれらの作品は未完ではあっても、不完全ではないからです。

▲ミケランジェロ「ロンダニーニのピエタ」

実は、聖書に登場する人物を、この世的な観点から見てみると、いわゆる人生の成功者と言えるような人は一人もいません。例えば、モーセは約束の地に入ることが出来ず、ダビデは神殿をつくることが出来ず、パウロは念願のスペインに行くことが出来ませんでした。イエスの弟子たちに至ってはほぼ全員、殺されてしまったのです。

しかし、神は彼らを見捨てた訳でも、彼らの前にいなかった訳でもありません。確かに彼らは、自分にとっての最善は果たせなかったかも知れませんが、神が計画された全人類救済計画の一役を担い、世界の最善、人の最善、神の最善のために自らの使命を果たしたのです。例え、人間の目には未完に見えたとしても、その人の評価を決めるのは、人ではなく、その人を創造した神です。つまり、神の作品である私たちの人生は、決して未完成に終わることはないのです。

およそ鍛錬というものは、当座は喜ばしいものではなく、悲しいものと思われるのですが、後には、それによって鍛え上げられた人々に、平安な義の実を結ばせるのです。

（ヘブライ人への手紙　12章11節）

死ぬことは生きること

死生学の権威であるアルフォンス・デーケン教授[註3]の講演会が、上智大学で開催された時、「死について考える」という看板が校内に立て掛けられました。ところが同日、同じ敷地内の教会堂で結婚式が行われていて、「このおめでたい日に、死とは何事か⁉　常識外れもはなはだしい！」とクレームが入り、この看板は撤去されてしまいました。こうした死をタブー視する日本社会に対して、「死への準備教育」を提唱されたデーケン教授は、厚労省にホスピス治療の推進を求めた際、「日本では癌は告知しないことになっている」と強硬に反対されたそうです。

超高齢化社会の日本メディアにおいても、死は禁止用語であり、日常会話でも、牧師の説教でも、死は禁句で、それについて取り上げようものなら「縁起が悪い！」などと非難されてしまいます。つまり、多くの人は、死を日常生活とは切り離して蓋をし、まるで人生には死などないかのように振る舞っているのです。それは、人は死という現実を知ってはいても、それに対してどうすることも出来ないからです。

そうした日本人の死に対する態度には、大きく三つあります。

（1）そんな縁起の悪いことは考えたくない。

（2）そんな証明出来ないことを考えても仕方がない。

（3）人は死んだら全て無になる。

結局、（1）と（2）は現実から目をそむけた逃避であり、（3）は、仏教の輪廻思想から来ています。それは涅槃（ねはん）と言う、無の世界に入ることが仏教の最終目標だからです。ところが、人は煩悩（キリスト教では罪）がある限り、涅槃（キリスト教では天国）には入ることが出来ません。聖い霊の世界では、自分の中にある煩悩（罪）が全て顕になってしまいますので、そうした世界にはいられないのです。

そこで人は、輪廻転生を繰り返しながら、天国には入れない自分の醜い部分（自我・煩悩・罪）がなくなるまで、修行をすることが求められます。実際の所、人間的な方法論としては、これ以外にはないのです。つまり、「死んだら無になる」とか、「自分は天国に行けるだろう」と言った推測は、賃貸住宅に入居する側が入居条件を勝手に決め付けてしまっていることと同じで、常識的には通用しません。

私のような怠惰な人間は、自分が厳しい修行など無理なことは最初から分かっていますので、「信じる者は救われる」と言うキリスト教を、喜んで受け入れることが出来るのですが、真面目で勤勉な日本人にはこの「無条件＝恵み」の意味が分かりません。日本社会が完全にGive and Takeの報いの構造であるため、「信じる者は救われる」が「タダより高いものはない」に転換されてしまうのです。

いずれにせよ、人が天国に行くためには、自我がなくなるまで修行を重ねる仏教的アプローチか、信じる者は救われる聖書的アプローチかの二つしかありません。人間の知恵によっては、死後の世界を証明することは出来ないのですから、出来ないなら出来ないなりに、最も真実性・信頼性が高く、自分にとって、現実的なものを選べば良いのです。分からないから、忙しいからと言って、放ったままにしておくのが一番良くありません。何故なら、死は誰にでも確実に、しかも多くの場合、突然訪れるからです。

結果的に、来世を否定し、現世にしがみついて生きるより、来世はあると信じて生きる方が、現世をより良く生きて行くことが出来ます。人生、生きると言うことは死ぬこと。死ぬと言うことは生きること。死があるからこそ、人は生を全うすることが出来、人生に意味が与えられる。これが正しい死生観であり、人生観なのです。

人が全世界を手に入れても、自分の命を損なうなら、何の得があろうか。人は

どんな代価を払って、その命を買い戻すことができようか。

（マルコによる福音書　8章36-37節）

［註3］アルフォンス・デーケン（1932-2020）ドイツの哲学者、イエズス会司祭、上智大学名誉教授。『ユーモア感覚のすすめ』は日本の中学校の国語教科書に掲載された。

第二章　新しい人生への考察

後悔と悔い改め

オーストラリアのあるホスピスで、長年緩和治療に携わってきた女性看護師さんが、『死ぬ瞬間の5つの後悔[註4]』と言う本を書いています。彼女は、その本の中で、今まで数多くの患者たちと接して来て、人は死の間際で何について後悔するのかについて、以下の五つの項目を挙げていました。

（1）もっと自分に正直に生きればよかった。

世の中の実に多くの人たちが、世間体や同調圧力、周囲の人たちに対する遠慮などによって、自分の人生をすり減らしていると言う現実があります。孤立を恐れ、周りに気を遣うばかりに、自分が本当にしたかったことが出来ず、思ったことも言えず、中途半端な人生になってしまったと言う後悔です。

（2）仕事を人生の中心にし過ぎた。

もっと家族との時間を持てば良かった……。これはほとんどの男性が持っていた後悔です。問題は、生きるための仕事と、仕事のために生きることとのバランスなのですが、1985年に起きた日本航空123便墜落事故[註5]で、搭乗していたビジネスマンたちが残していたメモ（遺書）が、いくつか墜落現場で見つかりました。そこに書いてあったのは、ただ家族に対する切なる思いだけで、仕事について書き残していた人は一人もいませんでした。

（3）もっと周りの人たちと良い繋がりを持っていればよかった。

良き家族、良き友人がいることとの恵みは、死が目前に近付き、一人になった時に改めて実感するものです。ところが、多くの人は日々の生活に忙しく、周囲との関係づくりに時間を作ることをしないまま、人生を終えてしまうのです。

（4）もっと楽しい人生にしたかった。

このごくシンプルな後悔が意外に多かったことに驚かされます。つまり、多くの人は、人生にはもっと楽しい生き方があると言う発想も、余裕もなく、リスクや変化を恐れ、同じルーティーンを繰り返すことによって安堵感を得ようと生きて来た。そうした後ろ向きな生き方は結局、後悔しか生まないのです。

（5）自分の夢を達成することが出来なかった。

本当は自分にも夢があったのに……。人生の後悔を総まとめにしたような悲しい言葉です。

これらのリストを見た時に一つ共通して言えることは、人生において、「してしまったことに対する後悔」よりも、「しなかったことへの後悔」の方がより深刻だと言うことです。人生において「もし〜だったら……」はありません。自分が犯した失敗は、なかったことにはなりませんし、しなかったことをいくら後悔しても、それをしたことにはなりません。ただ、そうした思いを一生引きずるのか、それとも、そこから立ち直るかは本人の心掛け次第です。

聖書にダビデと言う人物が登場します。彼はイスラエルの王であり、卓越した人物なのですが、人生でとんでもない間違いを犯してしまいます。それは、自分の欲望による計画殺人でした。もし彼が現代人だったとしたら、彼はメディアによって完全に排除されてしまうでしょう。しかし、欧米にはダビデと言う名の人が大勢いるように、ダビデはずっと尊敬すべき信仰者であり続けています。

本来なら、彼は自分の罪を償うために、自分の命を差し出すべきでした。そのダビデの罪が赦され、人生をやり直すことが出来たのは何故でしょうか？　それは、彼が王の権限で、自分の罪を帳消しにしたからではありません。その罪に対する罰を、イエス・キリストが身代わりとなって受けてくれたからです。

聖書に詩編と言う書巻がありますが、そこにはダビデの心の底からの悔い改めと、自分の罪を赦してくれた神に対する感謝が切々と記されています[註6]。自分の罪を認め、赦しを乞い、そこから立ち直る決心をすることを、「悔い改め」と言います。それは単なる後悔ではなく、新しい人生への「方向転換」を意味します。ですから、このダビデのようにとんでもない罪を犯した人であっても、希望は残されています。それでもあなたを愛し、あなたの身代わりとなって死んでくれたイエス・キリストと言う存在がおられるからです。

このイエスは、「自分は神の使いである」とは言いませんでした。「自分は神である」と言ったのです。もし、そんなことを言っている人があなたの周りにいたとしたら、あなたはその人について悩んだりすることはないでしょう。それはあまりにバカげているからです。ですから、もしイエスが狂人か詐欺師なのであれば、クリスチャンほど愚かな人たちはこの世にはいません。しかし、イエスが本当のことを言っていたとしたら、あなたの人生にとってイエス・キリストほど重要な存在はいないのです。

世に勝つ者とは誰か。イエスが神の子であると信じる者ではありませんか。

（ヨハネの手紙一　5章5節）


［註4］『死ぬ瞬間の5つの後悔』ブロニー・ウェア［著］、新潮社発行（2012年）。世界26ヶ国語に翻訳され、日本でも大きな話題を呼んだ。

［註5］日本航空123便墜落事故。1985年、520名の犠牲者を出した世界最悪の航空事故。18時12分、羽田発大阪行きの便だったため、ビジネスマンが大勢乗っていた。

［註6］詩編51編。

情報の取捨選択は急務

私たちは、世の中の情報を自分の目で見て、自分の頭で判断していると考えていますが、実はそうではありません。それらは、自分以外の何か別の情報に依存した上での判断なのです。例えば、私たちが信じて疑っていない関東大震災、真珠湾攻撃、原爆投下などの歴史上の出来事のどれ一つとして、私たちのほとんどは実際に見てもいなければ、体験もしていません。ですが、その出来事を信じているのは、その出来事を証明するに足りる文献があるからです。

無論、文献があるものは何でも信じていいと言うことにはなりません。ある調査によると、現代社会において、私たちが1ヶ月間にフェイクニュースに接触する可能性は約75パーセントだそうです。ですから、その情報が、信じるに足り得るかを見分けるためには、いくつかの条件があるのです。それは……。

（1）量：それを証明出来るだけの多岐にわたる分量があるか？
（2）時：それが実際に起きた時と時代が照合されているか？
（3）真正さ：その証拠の出所の素性は知れていて信頼に足りるものか？
（4）正確さ：その証拠となる記録や証言の間に矛盾はないか？

こうした基準を帰納法によって検証することによって初めて、私たちはそれを事実として認めることが出来ます。聖書についても同じです。私がクリスチャンになった最初のきっかけは、その情報元である聖書に歴史的・文献的信憑性があったからです。

永遠の命を得るための聖書が提供している情報のことを英語でグッドニュースと言います。これこそ、今の日本人に最も必要な情報なのですが、世間で流されているニュースの実に8割はバッドニュースで、ネットやテレビでは毎日、目を背けたくなるような痛ましい事件や、権力者や有名人の不正・失敗などを暴いたニュースばかりが横行しています。世の中全体が物事を批判し、人を引き下げる様な風潮に染まっているのです。

テレビにしてもネットにしても、視聴率と収入の高さは比例します。ですから、視聴回数を増やすためには、少しでも人を集める必要があるのですが、人は、どんな情報に集まりやすいのでしょうか？　それがネガティブな情報で、そういった内容の方が、より多くの人たちの興味を惹くのです。YouTubeのサムネイル画像やコピーなどを見ればよく分かるように、視聴回数を上げるために、あえて否定的なネガティブアプローチを使う。現代メディアのほとんどが、こうした人間の心理を悪用してお金を稼ぐと言う、悪どい心理戦略を行っています。ですから私たちとしては、目的に応じた情報検索と、正しく適切な情報の取捨選択を心掛ける必要があります。

最近、メディアリテラシーと言う言葉をよく聞くようになりましたが、それはメディアからの情報を鵜呑みにするのではなく、主体的に読み解く力のことを言います。何故なら、メディアから発信されている情報は、必ず誰かがある意図を持って編集し、そこには必ず作り手の思想や価値観が反映されているからです。その意味において日本は、特に公正な情報が非常に得にくい環境下にあります。

アメリカには実に1700以上のテレビ局が存在し、新聞社も、テレビも、ネットも、それぞれ異なった立場で独自の情報を発信しています。ところが、日本の五つの地上キー局は全て新聞社の子会社と言う、欧米社会ではあり得ない状況になっています[註7]。しかも、日本の新聞社の株式は、譲渡出来ない仕組みになっており、それは本来、日本政府を監視し、国民を守るために必要な情報を発信する立場にあるメディアが、政府の特別な保護下で守られていることを意味しています。つまり、日本政府とメディア、そして彼らのスポンサーである大手企業は、既得権益の三重構造になっており、日本の地上波に、公正な情報発信を望むことはほぼ出来ない状態にあるのです。

「何よりも大切にすべきは、ただ生きるのでなく、より善く生きることだ」とソクラテス[註8]は言いました。より善く生きるためには、私たちの生活における物質的側面と、精神的側面と、そして環境的側面の三つを改善させる必要があります。その意味において、情報の取捨選択は、私たちの環境管理において必要不可欠な急務です。

そこで、私たちの周囲に氾濫している情報には、以下の三つがあることを知っ

ておいてください。それは、
（1）自分が生活するために必要な情報。
（2）自分を引き上げ、成長をさせる情報。
（3）自分を引き下げ、成長を阻む情報――です。

人間の目で識別できる数千万色という色彩は、元を正せば、光と色の三原色の応用であるように、この三つの情報をどれだけ自分の中に取り入れるかによって、その人の人格が形成されると言っても過言ではないのです。

ですから、YouTubeなどの玉石混交のネットの世界では、サムネイルのタイトルを見て、興味本位に直ぐに開けるのではなく、この情報はこの三つの内のどれに相当するのかを一度考えてから、自分を引き下げると思われるような情報には手を出さないように心掛けるべきです。自分に残されている貴重な時間（命）を1分足りとも、無駄に費やしてはいけません。私たちに与えられている1日1日、1時間1時間、その一瞬一瞬が、ただ一度限りしかないと言う現実が、私たちの人生に大きな意味と責任を与えているのです。

知恵のない者ではなく、知恵のある者として、どのように歩んでいるか、よく注意しなさい。時をよく用いなさい。今は悪い時代だからです。

（エフェソの信徒への手紙　5章15-16節）

［註7］欧米社会では言論の自由を保障するために特定企業が多数のメディアを傘下にする（クロスオーナーシップ）は厳しく規制されている。国境なき記者団が発表した「世界報道自由度ランキング（２０２３年）」で日本は世界68位（Ｇ７で最下位）。

［註8］ソクラテス（BC470-399）。西洋哲学の基礎を築いた古代ギリシアの哲学者。

時間はあなただけのものではない

Ｃ・Ｓ・ルイス[註9]が「時」について、次のようなエピソードを書いています。

「私たちは、『え、もう半年も経ったの?とか、時が経つのは何て早いのだろう』と、時間の経過について驚きの声を上げる時がある。しかし、よく考えて見ると、これは実に不思議なことである。何故なら、それは魚が『どうして水ってこんなに濡れているんだろう?』と、考えるようなものだからである。しかし、もし魚が水中からやがて陸地に住む生物として運命付けられていたとしたら、魚が水の不思議さについて驚いたとしても、それはもっともなことである」と。

C・S・ルイスはこの話しで何が言いたかったのでしょうか? 彼はキリスト教の弁証者です。この話しの結論は「だから神はいる。だから天国は存在する」と言うことなのです。つまり、こうした時間に対して、私たちが感じる不思議な感覚は、私たちがいつかこの地上を離れて、別の世界に移行するということを無意識的に感じているのだと彼は言います。

人生80年と言われていますが、この80年はれっきとした時間です。日々、あなたが何に対して時間を使っているのかは、あなたが何に対して自分の命を使っているのかと同じことです。そして、普段私たちが使っている時間の中身は、大きく以下の四つに分けることが出来ます。

（1）急ぎであり、大切なこと。（税金書類等）
（2）急ぎだが、大切でないこと。（友人とのLine等）
（3）急ぎではないが、大切なこと。（目的への訓練等）
（4）急ぎでも、大切でもないこと。（テレビやスマホ等）

あなたの日常内容をこの四項目に分け、その中で、実際に時間を費やしている順に並べてみてください。統計の結果、リタイアした人たちの多くが「4-1-2-3」の順に時間を使っていることが分かりました。ですが、もし、あなたが自分の時間を、しっかりと有意義に使いたいと願うのであれば、「3-1-2-4」の順に訂正する必要があります。何故なら、（3）を優先させることによって（1）が少しずつ減り、（2）と（4）を自主的に減らすことによって、あなたの生活の質を大きく向上させることが出来るからです。

もし、あなたがスマホやテレビに1日6時間以上費やしているとすると、あなたは1年の内の約3ヶ月間、そのためだけに時間を使っていることになり、それではあなたの命は蛇口が壊れて水漏れしている水道と同じです。時間の優先順位については、さほど難しいことではありません。もしあなたが、後半年の命だとしたら、今と同じことをするだろうか？と言うことを想定すれば、それは明らかになるからです。事実、時間の使い方を「3-1-2-4」に心掛け、実行しない限り、人はいつも（1）と（2）だけに追われる人生に終始することになってしまうのです。

では、（3）の時間をどう使うかですが、何か新しく習い事を始めるのも良いですし、ボランティアに参加したり、誰かに手紙を書くということも良いと思います。私としては、近所の教会を探して、一度行ってみることをお勧めします。人間関係が煩わしいと言う方もおられるかと思いますが、1日中、家の中にいるよりは、たまには外に出て、人と交わりを持つことは精神衛生上、とても良いことですし、人を通して生きた情報を得ることが出来ます。少し勇気がいるかも知れませんが、教会には金銭関係や上下関係などは一切ありませんし、教会にいる人たちは大抵親切ですので、あなたの来訪を心から歓迎してくれると思います。因みに、旅行、読書、運動などのリクレーションは、Re-Creation（再創造）と言う目的意識を持ってすれば、（3）に属します。

こうした時間の使い方に関して一つ覚えておいていただきたいのは、自分の時間は、自分のためだけではないと言うことです。人は、自分の存在意義については考えますが、自分の人生が誰か他の人にとって意味があるのだろうかと考える人はほとんどいません。しかし、今までの自分の仕事、何かに対してやって来たこと、また、あなたの存在そのものが、誰か他の人の人生に意味を与えていると したら、それだけでもあなたの人生には大きな意味があるのです。

いくら一生懸命にやって来たことでも、それが自分のためだけにしたことであるなら、それは自分の死と共に消えてしまいます。しかし、それが誰か他の人のためにしたことなら、それは自分が死んだ後も残ります。誰かに喜んでもらうこと、誰かに必要とされていること、誰かの役に立つことが、あなたの人生に意味を与え、より豊かなものにするのです。

どうか、あなたがたがあらゆる霊的な知恵と洞察によって神の御心を深く知り、主にふさわしく歩んで、あらゆる点で主に喜ばれ、あらゆる善い行いによって実を結び、神をますます深く知るように。

（コロサイの信徒への手紙　1章9-10節）

［註9］C・S・ルイス（1898-1963）　イギリスの作家、キリスト教の弁証者。日本では『ナルニア国物語』の著者として有名。文章の引用は『詩篇を考える』（新教出版社）より。

望みは叶えられる

日本は世界でも有数の無神論国家ですが、その反面、日本人はとても信心深い民族でもあります。毎朝仏壇を拝み、年始めには初詣に行き、お盆にはお墓参りをする等々……。つまり、信仰はなくても、信心はあるのです。それでは、人々はそこで何を祈っているのでしょうか？

（1）健康で長生き出来ますように。
（2）自然災害や人災等の災いから守られますように。
（3）経済的に祝されますように。

無病息災、家内安全、商売繁盛、結局、日本人の祈りは大きくこの三つに要約出来ると思います。人々がそう祈り続けているのは、それらが満たされないからですが、この世で生きている限り、私たちの人生から問題がなくなると言うことはありません。また、これだけ満たされれば、それで十分だと言うこともありません。何故なら、人間の欲望にはキリがないからです。

私たちが、子供の頃から持っている「望み」には四つあります。それは、
（1）可能性があるないは別にして、ただの願いとしての望み（願望）
（2）身のほどを超えた野心的な望み（野望）
（3）本能的な欲を満たそうとする望み（欲望）
（4）他人と比較して、自分にはないものを求める（羨望）――です。

その目的はおおむね、お金、地位、名誉、異性、美貌と言ったものですが、それらは全て、時間の経過と共に、いつかはなくなってしまうものです。例え、一世を風靡したような人でも、死んでしまえば、瞬く間に世間から忘れ去られてしまうのですが、それでも人間は、生きている限り、それらのものを追い求め続けます。そして人は、自分が一番大切にしているものに人生を支配されてしまうのです。その事を仏教では「業（ごう）」、キリスト教では「偶像」と言い、それが人生を

誤る原因となっているのです。ですから、仏教は望みを手放して、無になることを教えます。一方、キリスト教は、自分の望みを正しく位置付けるように教えます。つまり、願望、野望、欲望、羨望を、希望へと修正すれば良いのです。

私たちには、「自分が本当にやりたいこと・Having」と、「その目的を遂行するために必要なスキル・Doing」と、「自分がやらなければならないこと・Being」の三つがあります、それらをもう一度確認しましょう。何故なら、幸せな人とは、自分の「やりたいこと・Having」と、「やれること・Doing」と、「やらなければならないこと・Being」が統合されている人のことであると言えるからです。その中で最も大切なのは、人生の目的とも言えるBeingの部分ですが、作家の五木寛之氏は『人生の目的[註10]』と言う著書の中で、「人生の目的は、おそらく最後まで見出すことは出来ない」と書いています。一見、驚くような答えですが、五木氏の見解は、間違いではありません。

また、キェルケゴール[註11]は、著書『死に至る病』の中で、「死に至る病とは絶望であり、絶望とは、人間が神を無視して、神から離れていること、神との交わりが絶たれていることである」と断言しています。つまり、私たち人間は、私たちを創造された神から離れては、人生の真の目的を見出すことが出来ないからなのです。

日本語の「望む」という言葉は、本来「遠くにあるものを望む」という意味で、それは、「お金持ちになりたい」とか、「有名になりたい」といった願望や欲望ではなく、もっと永遠に続くものを望むこと。つまり、真の人生の目的とは、私たちが捜し求めるものでも、見付けられるものでもなく、神によって与えられるものなのです。

そして、神から与えられたBeingが、私たちのHavingとDoingと一致した時、その願いは人生において必ず成就すると、聖書は断言しています。「あなたの願いは100パーセント実現する[註12]」と言い切っているのは、世界広しと言えども、聖書しかありません。

得られないのは、求めないからです。求めても得られないのは、自分の欲望のままに使おうと、よこしまな思いで求めるからです。

（ヤコブの手紙　4章2-3節）

［註10］『人生の目的』五木寛之［著］　幻冬舎発行（2000年）

［註11］セーレン・オービュ・キェルケゴール（1813-1855）、デンマークの哲学者、実存主義の創始者。形式主義に陥り、信仰が伴わない当時のデンマーク教会を痛烈に批判した。

［註12］ヨハネによる福音書14章14節、15章5、7節、ヨハネの手紙一5章14節。

第三章　新しい人生への展望

命より大切なもの

あなたが人生で、一番大切にしているものは何でしょうか？　健康、家族、お金、仕事、友人、若さ等々……人によって答えは様々でしょう。確かにこれらのものは、人生を構築するためのとても重要な要素ではあるのですが、人生の最優先にすべきものではありません。

何故なら、お金が人生の目的だとすると、預金通帳の残高によって、幸せになったり、不幸になったりしてしまう訳ですが、預金残高には、これで十分だと言う基準はありませんから、それは結局、周囲との比較でしかありません。また、お金を第一とする人生には道徳感が欠如し、長期的展望に立った人生設計や、世のため、人のためといった人生観が持てなくなります。お金のために自分の身を売る行為は、結果的に自分の人生を破滅させてしまうのです。実際、お金で苦労されている人は（私を含め）大勢いると思います。しかし、お金はあくまで人生のためのものであって、お金のための人生になってしまっては本末転倒です。

仕事のために自分の家族や健康を犠牲にしている人は大勢います。仕事が順調な時は、それこそ生き甲斐の頂点にいるような思いになるのですが、一旦行き詰まると急に人生に対して懐疑的になり、仕事に対する熱意も喪失してしまいます。特に日本社会では、自分が所属する会社を通しての人生観しか持つことが出来ないと言う環境があるせいか、人生に対する視野が非常に狭くなります。会社における人間関係は、勤めを終えればほとんど切れてしまうように、仕事はあくまで人生の手段であり、目的にはならないのです。

自分の子供を人生の中心に置いてしまうと、子供の出来不出来によって、幸せになったり、不幸になったりしてしまいますが、これも結局、周囲との比較でしかありません。また、子供を通してでしか人生を経験・選択することが出来なくなると、親子の依存度が高くなり、子供が親の代償行為になってしまいますと、結果的に、子供は親を憎んで離れて行くか、母子カプセル（母子一体の世界）の様な不健全な関係に陥ってしまいます。子供の人生と、自分の人生とは、分けて考えなければなりません。子供は親の所有物ではなく、神からの預かりものだからです。

日本の社会は、スポーツ選手にしても、芸能人にしても、特出した才能を持つ人をすぐに神格化させてしまう傾向があります。こうした人間至上主義は、常に周囲の意見や評価に過剰反応してしまい、自分の存在を維持するために、過度に嫉妬深くなり、支配的、または従属的になったりします。また、間違った自己犠牲を払い、それを相手に強要すると言うことも起こって来ます。

自分が理想とする政治思想やイデオロギーを、人生の中心に据えてしまうと、自分の主義主張に合わない人たちを見下し、高慢で独りよがりの人間になってしまいます。世の中を自分側の善と、自分に対立する側の悪とに世界を二分し、自分が正義であるという前提でしか、物事を捉えられなくなるからです。独裁主義国家による粛清やジェノサイドは、自分たちと同じ人種や、同じ主義主張に従う者だけが大切な存在であり、それ以外の者は敵であると言う、人間の価値を人間が勝手に判断し、それを実行した結果による惨劇です。しかし、聖書はこう語ります。

あなたは私の目に貴く、重んじられる。私はあなたを愛するゆえに

（イザヤ書　43章4節）

——と。あなたとは、地球上にいる全ての人のことで、人種や能力や思想とは一切関係ありません。つまり、私たち一人ひとりは神にとって貴い存在なのです。人を創造された神が貴いと言っておられるから、人の存在は貴いのであり、人が人に対して、誰が貴くて誰が貴くないなどと勝手に決め付けること自体、間違っており、そんな権利は誰にもどこにもないのです。

では、人生で最も大切なものとは何でしょう？　命でしょうか？　もしそうだとすると、聖書に登場する殉教者たちの人生は間違っていたことになります。命より大切なもの。それは、神がその人に与えられた「使命」です。「命」とは、あなたに与えられた使命を、この地上で果たすために与えられた「時間」のことであり、「幸せ」とは、あなたがその使命に準じて生きている時に、自ずと湧き上がってくる「充足感」のことなのです。

あなたがいて、目的があるのではありません。最初に目的があり、そのためにあなたがデザインされ、創造されたのです。ですから、神があなたに与えられた使命をあなたが遂行するまで、あなたの命（時間）は継続し、そして、あなたの死は、あなたの生の完了を意味します。つまり、死は挫折でも、損失でも、悲劇でもありません。この世の人生が一度限りと言う現実が、あなたの人生に素晴らしくも、深刻な責任と意味を生じさせているのです。
それゆえ、信仰と、希望と、愛、この三つは、いつまでも残ります。その中で最も大いなるものは、愛です。

（コリントの信徒への手紙一　13章13節）

人生を賭けるに値するもの

世の中に悲劇は数あれど、自分の子供が自分より先に逝ってしまうことほど、辛く、悲しいことはありません。戦後の日本経済を牽引して来た経済学者であり、文化勲章受章者でもある小泉信三氏[註13]もその一人でした。

「日常生活においても全く妥協を許さず、年々頑なさを増している父親の姿を見て、父のこれからの人生は一体どうなるのだろう……」と言うエッセイを、小泉

▲小泉信三（戦前の肖像）
出典：フリー百科事典
『ウィキペディア（Wikipedia）』

氏の娘さんは残されていましたが、歴史に名を残すような人物と一緒に暮らす家族には、私たち一般人には分からない苦労が色々とあるようです。

ところがある日、思いもしない出来事が起こります。小泉氏のお孫さんが突然亡くなったのです。彼は、一人息子を戦争で失っていたのみならず、孫までも自分より先に亡くしてしまったのです。そのことに対する悲しみは、側からも見ていても、余りあるものでした。しかしその悲しみが、小泉氏のその後の人生を大きく変える転機となったのです。彼の人生を変えたのは、お孫さんの葬儀の時に牧師が朗読した聖書の言葉でした。

主は与え、主は取り去り給う　主の御名は讃べきかな。（ヨブ記　1章21節）

人生で突然、思いもかけぬ苦難の中に放り込まれたヨブという人が、「自分は裸で生まれ、何一つ持たずに裸で死んでいく身の上だ。つまり、自分は生きているのではなく、生かされている存在なのだから、良いことだけではなく、今、自分に与えられている試練も甘んじて受け取ろう。それでも私は神に感謝する」と言う意味です。

その葬儀の後、間もなく教会で洗礼を受けた小泉氏は、それから亡くなるまでの間、クリスチャンとして毎週礼拝を欠かしませんでした。彼が何故、晩年に、聖書の神を信じることに賭けたのか？　それは本人にしか分かりません。しかし、結果的にその決断は正解でした。何故なら「このことを機に父が変わったことで、父本人は勿論、家族や、周り人々に平安が与えられました」と、娘さんがエッセイに書き残されているからです。

この小泉氏のように、自分よりも先に亡くなった家族のことに心を痛めている方も少なからずおられるかと思います。死後の世界については、神のみぞ知るで、死者の運命を変える力は人間にはありません。しかし、私たちに出来ることが一つだけあります。それは、宗教的行事を行うことではなく、この世で生かされている私たちが、神に喜ばれる生き方をすることです。それが、先に亡くなった家族に対して私たちが出来る唯一の最善なのです。

人間には、ただ一度死ぬことと、その後、裁きを受けることが定まっている。
（ヘブライ人への手紙　9章27節）

この聖書の言葉は、厳しいことを言っているようですが、実は私たちの希望でもあります。裁きとは、ただ罰を受けると言うことではなく、誰の目から見ても公平な審判が下されるという意味で、この世の不条理は決して、不条理のままでは終わらないということだからです。もし、この世界が、この世だけのものであるなら、これほど不公平で理不尽な世界はありません。しかし、真の人生の意味と価値は、この世とあの世とのトータルによってはじめて評価、判断されるのです。

現代は、実に自分が信じるに値するものが見つけられない時代です。一生懸命勉強し、いい学校に行き、いい会社に入っても、いつリストラされるか分からない。この人だと信じて結婚しても、いつ離婚するとも限らない。日本の政治家も、メディアも、日本という国自体も信じられない。だから信じられるのは自分だけだと健康に気を遣っていても、死は何時訪れるか分からない。

もし、聖書が世の中の数ある教えの一つであるなら、あの教えもいいし、この教えもいいと言うことになるでしょう。しかし、例えばあなたが重い病気に罹り、二つの病院に意見を聞きに行ったと想定してみてください。そこで「薬は四種類ありますが、体質によってどれが効くか分かりません。ですから、あなたが好きなものを選んでください」と言う病院と、「あなたを助けられるのは、これしかありません」と断言する病院と、あなたはどちらの病院を信頼しますか?と言うことです。

「あなたの命の解決策はこれしかない」と断言しているのは、世界広しと言えど、聖書しか存在していないのです。

この人による以外に救いはありません。私たちが救われるべき名は、天下にこの名のほか、人間には与えられていないのです。

（使徒言行録　4章12節）

［註13］小泉信三（1888-1966）経済学者、慶應大学塾長、皇太子明仁親王の教育の責任者。美智子妃との仲人も務めた。日本聖公会のクリスチャン。

人生最高の教師

本屋さんに行くと、人生論とか成功術などの所謂マニュアル本が、沢山置いてありますが、ビジネスにさほど興味がない人でも、松下幸之助、稲盛和夫、スティーブ・ジョブズ等の名前を知らない人はいないと思います。ところが、それらの本に書かれてあることは、彼らの人間観とか、生き方であり、どうやったら儲けられるか等についてはほとんど書いてありません。

何故なら、ビジネスで大きな成功を収めている人は、お金には執着していないからです。それればかりか、今の自分の仕事や地位にさえ固執していません。どうして彼らは自分が持っているものを失うことに抵抗がないのでしょうか？　それは、今まで積み上げて来た自分の土台に自信があり、例え、今までのものがゼロになったとしても、また最初からやり直せると言う自信があるからです。

人生で成功するためには、その土台となる考え方、つまり原理原則と、それを具体化する技術の両方が必要となりますが、人生の原理原則さえ掴めている人は、基本的に何をやっても成功します。つまり、人生成功の秘訣とは、その原理原則をどうやって身に付けるかなのです。そこで、私たちの人生においてとても有益な教師を三人、ご紹介したいと思います。

一人目は「人」です。人生は出会いで決まるとよく言われますが、良くも悪くも、私たちは出会う人によって人生が大きく変わります。二人目は「体験」です。今まで自分の人生で犯して来た様々な失態の数々……思い出す度に苦い思いが胸を貫きます。もう二度とあんな思いはしたくない……。こうした体験こそ、人生最大の教師と言えます。ただ、人生の真理を得る度に、失敗をしていたのでは、体がいくつあっても足りません。ですから、この教師は非常に有効ではありますが、とても高くつきます。

三人目は「聖書」です。聖書は約2千年間、人々に読み継がれてきた永遠の古典であり、今もって世界最大のベストセラーです。聖書は人類文化の根幹を成し、世界の文学、美術、音楽は、聖書を知らずしてその本質を理解することは出来ません。ところが、聖書には、明らかに読む人の拒否反応を起こさせるような記事が、沢山書いてあります。聖書の排他性に違和感を覚える人が多いのはそのためです。

それは、聖書は人のために書かれた本なのですが、人の都合に合わせては書かれていないからです。従って、聖書には一切、脚色も作為もなく、人間の赤裸々な姿がそのまま記してあります。つまり、見方を変えれば、聖書は人間の失敗の記録であると言えるのです。世の中、人間の力で何とかなるのであれば、何も神様が登場する必要などありません。ですから自分が失敗する前に、誰か他の人の失敗から学ぶことが出来れば、人生それに越したことはないのです。その聖書について世界の有名人たちが残した言葉の一例をご紹介します。

如何なる世界の歴史におけるよりも、聖書の中には、より確かな真理がある。

（ニュートン[註14]）

もし、私が獄につながれ、ただ一冊の本を持ちこむことを許されるとしたら、私は聖書を選ぶ。（ゲーテ[註15]）

私の生涯に最も深い影響を与えた書物は聖書です。（ガンジー[註16]）

私の辞書に「悲惨」という文字はありません。聖書はダイナミックな力であり、

変わることのない理想を示すものです。（ヘレン・ケラー[注17]）

聖書はただの本ではない。抵抗するあらゆるものを征服する力を持つ生き物だ。（ナポレオン[注18]）

哲学的思考力を持っている人なら、認めざるを得ない事実は受け入れるはずだ。森羅万象が表現している状態から察しても、宇宙は実に全能者の意志の偉大なる成就である。もし、至上の権能者の存在を否定すると言うのなら、自分の知識をないがしろにしているに等しい。（エジソン[注19]）

聖書は分厚く、写真もありませんし、聞きなれないカタカナ表記が列記されている非常に読みにくい本です。しかし、少し我慢して読み続けて行くと、「人は人生の日々をあまり思い返す必要はない」とか、「死ぬ日は生まれる日にまさる[注20]」等々、はっとさせられるような言葉がいくつも登場します。それは正に砂漠の中からオアシスを見つけるかのような体験です。聖書はあなたの貴重な時間を使うに値する最高の教師なのです。

聖書はすべて神の霊感を受けて書かれたもので、人を教え、戒め、矯正し、義に基づいて訓練するために有益です。

（テモテへの手紙二　３章16節）

［註14］アイザック・ニュートン（1642-1727）イギリスの数学者、物理学者、天文学者、神学者。「万有引力の法則」など、偉大な業績を後世に残した。

［註15］ヨハン・ヴォルフガング・フォン・ゲーテ（1749-1832）ドイツを代表する小説家、詩人、劇作家。広い分野で重要な作品を残した。

［註16］マハトマ・ガンジー（1869-1948）インドの政治指導者、宗教家。非暴力主義でインドを独立に導いた。

［註17］ヘレン・ケラー（1880-1968）アメリカの社会活動家、作家。盲ろう者として、世界中の視覚障害者たちを支持し、日本にも三度訪日した。

[註18] ナポレオン・ボナパルト(1769-1821) フランス革命期の軍人。ヨーロッパ大陸の大半を支配下に置き、皇帝の地位についた。

[註19] トーマス・エジソン(1847-1931) 生涯で1300以上の技術革新を行ったアメリカの発明家。LIFE誌の「この1000年で最も重要な100人(1999年発行)」で第1位に選出された。

[註20] コヘレトの言葉5章19節、7章1節。

愛されるより愛すること

今まで一生懸命に勉強し、学校に行き、就職し、結婚し、子供が生まれ、子供も何とか無事に成長し、そこそこ貯金をつくり、定年になったらリタイアして、優雅とまでは行かなくても、平穏無事なシンプルライフを楽しみたい。穏やかで、社会に波風を立たせない真面目な常識人。多くの人が、こうした所謂いい人として、老後の生活をおくることが理想的であると考えています。

しかし、それは人生に対する大きな誤解です。何故なら、いくら常識的で平穏無事であったとしても、そこに何らかの目的と自主的行為がなければ「何のための平穏（常識的）なのか？」という課題が残るからです。身も蓋もないことを言ってしまいますと、実際のリタイア生活は、ハタ目から見るほど、優雅でも、楽しくも、平安でもありません。

人は、食べることをやめたら肉体的に死んでしまいます。学ぶことをやめたら精神的に死んでしまいます。それと同じように、生きるための苦難（実際、人生は面倒臭いことだらけです……）を放棄することは、生きることを放棄することと同じです。何故なら、人は年齢には関係なく、絶えず成長し続けるように創造されているからです。

小津安二郎[註21]という世界的に有名な映画監督がいます。彼は、戦争により東南アジアで抑留生活を体験された人ですが、現地で戦争が終わり、日本への帰還船に我先に大勢人が押し寄せている時、定員オーバーで船に乗ることが出来ないで大泣きしていた妻子ある男性スタッフに、「俺は後でいいよ」と言って、自分の席を譲ってあげたという逸話が残っています。つまり、真の愛とは、自分のことよりも、相手を優先させると言う、称賛とも見返りとも関係のない犠牲的行為のことで、世間で取り沙汰されている愛とは、ほとんどの場合、愛欲であって、真の愛とは何の関わり合いもないものです。

また、愛という言葉を聞いた時、多くの人は人から愛されるというイメージを持つのではないかと思いますが、人は自分を愛してくれる人を愛するのですから、愛されたいと願うのなら、愛することが出来る人になれば良いのです。ところが、日本の本屋さんには、愛される女性になるには？　頼りになる男性とは？　リーダーの心得とは？といった類いの本ばかりで、「愛するにはどうしたらよいか？」について語られている本はほとんど見当たりません。

何故なら、「愛は愛さざるを得ない衝動で、それはあくまで対象の問題であって、学ぶようなことではない」これが多くの人が考えている愛に対する見解だからです。しかし、これだけ希望と期待に始まりながら、失望に終っている人の行為は愛以外にはありません。つまり、人生には努力と工夫が必要なように、愛についても同じことが言えるのです。

私の大好きな『100万回生きたねこ[註22]』と言う絵本があります。この本の中には愛という言葉は一言も出て来ません。ですが、私が絵本で泣いたのは、後にも先にもこの本だけです。主人公のねこは、飼い主に100万回も愛されたのに、一度も愛することがありませんでした。ところがそこへ一匹の白ねこが現れます。

彼は、ただ自分に寄り添って、一緒にいてくれる白ねこのことだけは愛していました。そして、彼は白ねこと家族を持ちました。それから時が経ち、この白ねこが死んだ時、彼は人（ねこ）生で初めて号泣するのです。彼は、愛することを知るために100万回生きたのだと思います。つまり、愛ある人とは、愛される人のことではなく、愛する人のことなのです。

誰かに対して何らかの犠牲を払いつつ、積極的な行動を実践し続けている人。「その人の生命と安全を絶えず気にかけ、それに対して何らかの具体的な働きかけをしていること」これが、愛の具体的な定義です。そう考えますと、あなたが本当は何を愛していて、何を愛していないのかが、はっきりと分かるのではないかと思います。

「愛は力である。私たちの最高の部分を何倍にもし、人類が持つ無計画な自己中心さによって、人類が滅亡するのを止めてくれる。愛はその姿をあらわし明らかにする。私たちは愛のために生き、そして死ぬのだ。愛は神であり、神は愛である」

この文章は、アインシュタイン[註23]が、娘リーゼルに送った手紙の一部です。この手紙は、彼の死後、20年経ってから発表されました。人類は、この手紙の内容を理解し、受け容れられるかどうか分からないので、この手紙は暫く自分の中だけに留めておきなさい。と、彼が娘に言い残していたからです。アインシュタインは、どのような気持ちでこの手紙を書いたのでしょうか？

彼が相対性理論を世に出した時、それを理解出来た人はほとんどいませんでした。私はこの手紙と、ザビエル[註24]が来日して５００年近く経った今も、聖書を理解している日本人は未だ全体の１パーセントにも満たないことを連想してしまいます。しかし、例え、頭では分らなくても、心によって受け取ることは可能だと思います。アインシュタインは宇宙エネルギーは愛だと言いました。それは、その宇宙を創造された神の本質そのものが愛だからです。

何よりもまず、互いに心から愛し合いなさい。愛は多くの罪を覆うからです。
（ペトロの手紙一　４章８節）

［註21］小津安二郎（1903-1963）　日本映画を代表する監督の一人。「小津調」と呼ばれる

独特の映像世界で、生涯、家族関係をテーマとする作品を撮り続けた。

[註22]『100万回生きたねこ』佐野洋子［著］ 1977年発行以来、200万部以上売れ続けている絵本の名作。

[註23] アルベルト・アインシュタイン（1879-1955） 20世紀最高の理論物理学者。ノーベル物理学賞受賞。親日家としても知られている。

[註24] フランシスコ・ザビエル（1506-1552） スペインのカトリック司祭であり、1549年日本に初めてキリスト教を伝えた宣教師。

第四章　新しい人生への出発

人生の三つの価値

アメリカに留学していた友人が学校を卒業して、日本でやっと勤め先が決まって、就職する前にアメリカでお世話になったホストファミリーの家に挨拶しに行った時のことです。笑顔で歓迎してくれた奥さんが帰り際に「そう言えばあなた、これを忘れていったでしょ？　これは何なの？　家族で話し合ったんだけど、誰も分からなくてね、捨てるのも悪いからずっとしまってたのよ」と、彼に渡してくれたもの。それは竹製の耳かきでした[註25]。この細長い竹の棒は、何に使うものなのか分からないまま、ずっと彼のホストファミリーの引き出しの中に何年間も入れたままになっていたのです。

存在意味が分からないものは当然、役には立ちませんし、大切に扱われることもありません。人も同じです。自分が存在している意味が分からなければ、自分を大切にすることは出来ませんし、自分を粗末にしか扱えないのなら、他人のことはもっと粗末になります。ですから大切なのは、自分の存在の意味を知ること。それが人生を生きる上での土台となります。

私が尊敬する人物の一人に、ヴィクトール・フランクル博士[註26]と言う精神科医がいます。彼は心を病んだ患者たちに人生の生きる意味と希望を与え続けて来た人で、彼自身、ホロコーストのサバイバーでした。妻と両親を収容所で殺害されたと言う、彼の悲惨な経歴から考えますと、とても重厚な雰囲気の人物を想像しますが、彼はジョークをよく言ったりするとても快活な人でした。

▲ヴィクトール・フランクル

しかし、強制収容所と言う極限状況の中で、「苦痛に焼き尽くされ、本質的でないものは全て溶け去りました」と、人間そのものの姿を見て体験して来た博士の言葉には、有無を言わせない説得力があります。その彼がこう言いました。収容所で生き残った人たちは、体が屈強だったからではなく、再び妻子と会うという「希望」を持ち続けていたこと。そして、それでも「人生には生きる価値がある」と。

フランクル博士が提唱する人生の価値には三つあり、一つは、仕事を通して実現される人生の価値。これを「創造価値」と言います、それはビルの清掃とか芸術家と言った職種とは関係なく、その人の仕事によって、周囲の人たちが助かっている、また、感謝されていることを感じる時に現れる人生の価値です。

二つ目は「体験価値」。それは、人や自然と直接触れ合う体験によって、理屈抜きに受け取ることが出来る人生の価値のことです。雄大な自然を目の前にして受ける、言葉にならない感動や、子供を抱きしめた時に感じる、包み込まれるような暖かい思いです。

三つ目は「態度価値」。これこそ、その人の人生の真価が現れるのだとフランクル博士は言います。それは、自分が重い病気になり、創造価値や体験価値も得ることが出来なくなってしまった状態でも尚、自分の人生に対してどういった態度を取るかによって実現されて行く人生の価値のことで、その一つの例が、『死と愛』と言う彼の著書の中で紹介されています。

それはまだ若い男性でした。彼は病気で、自分の仕事から離れざるを得なくなり、病状が悪化するにつれて、病床で本を読んだり、会話をすることさえ出来なくなっていました。そして彼の命はもう長くはなく、あと数時間しかないことを知った博士は、こう言う体験をしました。丁度その日は宿直で、おそらく今夜、彼を看取ることになるだろうと思っていた博士が、彼のベッドの横を通りがかった時、その男性から目で合図されて呼び寄せられ、こう言われたのです。彼はとても苦労しながら、途切れ途切れにこう言いました。

「多分僕は今夜で終わりになるだろうから、今の内に巡回検診の時に打つモルヒネを注射しておいてください。そうすれば、先生も、看護婦も、わざわざ自分のために夜中に呼ばれなくて済むでしょうから……」と。

博士は彼のこの言葉に衝撃を受けました。自分が死ぬ数時間前であるにも関わらず、それでも周囲の人たちに配慮しようとしたこのさりげない言葉に、人間として最も素晴らしい価値があると、博士は言います。

ですから私たちは、もう自分の人生は終わった、もう自分にはもう何も出来ることはない……などと言うべきではありません。この男性は、余命僅かな状態であっても尚、私たちに人間としての生きる態度を教えてくれたのです。例え、自分がどの様な状況の中にあろうとも、その人の人生には意味があり、それは有意義であり続けるのです。

神自ら人と共にいて、その神となり、目から涙をことごとく拭い去ってくださる。

もはや死もなく、悲しみも嘆きも痛みもない。最初のものが過ぎ去ったからである。

（ヨハネの黙示録　21章3-4節）

［註25］耳かきは江戸時代に簪（かんざし）から発明された（アメリカ人は一般的に綿棒を使う）。

［註26］ヴィクトール・エミール・フランクル（1905-1997）オーストリアの精神科医、脳外科医、心理学者。『夜と霧』、『それでも人生にイエスと言う』他著書多数。生きる意味を見出すための心理療法を提唱した。

人生のリサイクル

「思い起こせば、恥ずかしきことの数々、今はただ後悔と反省の日々を過ごしております」これは映画「男はつらいよ[註27]」の寅さんの名台詞です。今までの自分の人生を振り返る時、こう思わない人はおそらく誰もいないのではないかと思います。「あの時、ああすればよかった」「どうしてあんなことをしてしまったんだろう」「もし、あんなことがなければ……」等々……。

しかし、人生において遠ざかることは決して悪いことではありません。特に自分が嫌いだった人、また、嫌われてしまった人から自然に遠ざかっていることは恨みや後悔から、一つの思い出に変えることが出来るからです。また、人生で気になる人がいても、「縁があれば、また会えることもあるだろう」「あの人とは善き縁だった」くらいでいた方が気持ちが楽になります。

ところが、人生には、そうも行かない場合があります。「自分がこうなってしまったのは、昔あんなことをしたからだ」、「こんな病気になってしまったのは、あの時の罰なのだ」等々……こうした自責の念にかられている人は大勢います。自分の身に起きた不幸の原因を、過去の因果関係と結び付け、宿命論的に自分で自分を断罪してしまっているのです。

この因果応報という考え方は、仏教の輪廻思想から来ているのですが、仏教に対する信仰があるないに関わらず、こうした価値観は、世の中に広く浸透しています。確かに、結果のあるところには、必ずそれに至る原因はあります。しかし、その原因が、先祖とか、過去に自分が犯した罪から来ていると言うことはないのです。

この因果応報について、聖書ははっきりと否定しています。「この世に生まれつきの盲人がいるのは何故なのか?」と言う弟子たち質問に対して、イエスはこう答えています。

弟子たちがイエスに尋ねた。「先生、この人が生まれつき目が見えないのは、誰が罪を犯したからですか。本人ですか。それとも両親ですか。」イエスはお答えになった。「本人が罪を犯したからでも、両親が罪を犯したからでもない。神の業がこの人に現れるためである。」

(ヨハネによる福音書 9章2-3節)

とかく人は、人生で何か問題が起こると、その原因を因果応報に求めようとします。ですが、もし、今のあなたの不幸の原因が、あなたの罪や過失が原因だとするなら、とっくに死んで然るべき人が、のうのうと生きているという現実を、説明することが出来ません。

では、「神の業が現れるため」とはどう言う意味なのでしょう？　イエスはここで、この盲人が今の状態から回復し、感謝する人生へと変えられると言っているのです。この盲人は、最初、自分の身に起きたことがよく理解出来ないでいましたが、最終的にはイエスの証し人へと変えられました。つまり、イエスの関心はいつも、私たちの過去についてではなく、私たちの将来についてなのです。

確かに、この世は不条理に溢れています。私たちも今までの人生で、「神がいるのなら何故？　神が愛ならどうして？」と、何度問いかけて来たことでしょう？　しかし、この質問に対して「何故？」ではなく「何のため？」と問うならば、私たちは一つの答えを見出すことが出来ます。それは、「同じ苦しみの中にある人たちを慰めるため」。実は、私たち人間は、神に対して人生を問うのではなく、逆に神から人生を問われている存在なのです。

事実、あなたにとって、最も重要な働きは、あなたが今までの人生で、最も苦しんで来た経験の中にあると言っても過言ではありません。アルコール中毒から解放された経験のある人は、同じ問題で苦しんでいる人たちの最も良き理解者ですし、障害者の子供を持った親以上に、同じ問題で苦しんでいる親の気持ちに共感出来る人はいないでしょう。

ですから、もし、あなたの周りにそうした自分が経験した同じ苦しみの中にいる人がおられたなら、あなたは喜んで自分の経験を、その人たちと分かち合うべきです。成功談である必要は全くありません。今まで自分が経験して来た失敗を、ありのままに伝えるだけで、同じの苦しみの中にいる人たちの慰めになるからです。自分の力

を誇るより、自分の弱さを正直に伝えることの方が、どれだけ聞く人の励みになるでしょうか。これこそが人生最高のリサイクルなのです。

私たちが苦難に遭うなら、それはあなたがたの慰めと救いのためです。また、私たちが慰められるなら、それはあなたがたの慰めのためであり、この慰めは、私たちの苦しみと同じ苦しみに耐える力となるのです。

（コリント信徒への手紙二　1章6節）

［註27］「男はつらいよ」一人の俳優が演じた最も長い映画シリーズとしてギネスブックに認定された。主演の渥美清氏は夫人の薦めで病床洗礼を受けクリスチャンになった。

終活で最も難しいこと

ジャック・ニコルソンとモーガン・フリーマン共演の「最高の人生の見つけ

方[注28]」と言う映画をご存知でしょうか？　原題は「The Bucket List（棺桶リスト）」。自分が死ぬまでにしておきたいリストの英語のスラングです。偶然、同じ病室になった大金持ちの病院経営者（J・ニコルソン）と、しがない自動車の修理工（M・フリーマン）の二人が、医師から宣告された余命半年の間に、自分たちのバケットリストを遂行するために旅に出ると言うお話しです。

そのリストには、スカイダイビング、アフリカでライオン狩り、マスタングGTに乗ってサーキットレース等々……彼らはその項目を一つ一つクリアーして行きます。その旅の途中で、ニコルソンには音信不通の一人娘がいることを知ったフリーマンは「娘との再会を果たす」をリストに加えるべきだと彼に進言します。ところが、ニコルソンは娘との関係がかなり拗れているらしく、頑なにそれを拒否します。

しかし、フリーマンの計らいで、娘と仲直りすることが出来たニコルソンは「世界一の美女（ニコルソンの孫娘）にキスをする」と言う、最後のバケットリストを果たすことに成功します。そして、先に死んだフリーマンが果たせずにいた「見ず知らずの人に親切にする」と言うリストを、教会で行われた彼の葬儀の席で、ニコルソンが二人の友情の証しをしたことで果たすのです。この映画は、本来なら重く深刻なテーマを、アメリカ映画らしく、ユーモアを交えながらサラリと描いた秀作です。

この映画を観て、改めて思わされることは、どれだけお金があろうと、どんなに楽しいことがあろうと、死という現実の前では全く意味をなさないと言うことです。しかし、彼らのリストの中で、意味のあるものが二つだけありました。それは「世界一の美女とキスをする」と言う親子関係の回復と、「見ず知らずの人に親切にする」と言う、ニコルソンが教会の人々の前で話したスピーチでした。何故、その二つに意味があったのでしょうか？　それは、その二つだけが自分のためではなく、人のためでもあったからです。

結局、二人のバケットリストは、今まで自分が人生で得たいと願って来たカネ、モノ、コトは早々に消えてしまい、最後に残ったものは、人のために何かをする、そして、人を愛し、和解すると言うココロでした。何故なら、愛とか感謝といった目に見えないものは、目に見えるものを全て包括するからです。

この映画の中で、ニコルソンが娘との再会を頑なに拒んでいたように、謝ると言うことは、ライオン狩りや、サーキットトレースより、勇気とエネルギーが必要です。特に相手のことが好きだった分、赦すことが難しくなると言ったことがあります。なので実は終活において最も難しく、等閑(なおざり)になってしまっているのが、この赦し、赦されると言う作業なのです。

教会ではよく罪人という表現がされますが、世の中のほとんどの人は、自分が罪人であるという自覚がありません。それは、罪とは自分の唾と同じようなもので、自分の中にある内は、全く自覚出来ないからです。しかし、一旦それが表に出た時に、初めて分かります。この世の中には、人を傷付けたことのない人や、傷付けられたことのない人など一人もいないように、こうした問題は多くの場合、本人が無意識の状況の中で起こるからです。

ですから、もしあなたに「ありがとう」と伝えたい人が誰かいるのなら、躊躇せず「ありがとう」と伝えましょう。もし、あなたに謝らなければならない人がいるのなら、これが最後だと思って、手紙でもメールでも良いので「ごめんなさい」と素直に謝りましょう。それは、相手を赦すことが出来なくて苦しんでいる自分自身を解放することでもあるのです。「ありがとう」と言われて、嫌な気持ちになる人はいません。「ごめんなさい」と心から謝って、それでも赦せないことは、世の中、そう多くはないのです。

それでももし、相手が赦してくれなかったとしても、あなたの悔い改めが本当であれば、神はあなたを赦し、解放してくださいます。こうした自分の中にある問題（自我・罪）を認め、悔い改め、赦された人のことをクリスチャンと言います。そしてその赦しは、本人のためであるのと同時に、あなたが赦せないと思っている人のためでもあります。

従って、クリスチャンには、誰か赦せない人がいると言うことはあり得ません。何故なら、「私が赦した者を、何故、あなたが赦せないと言うのか？」とイエスに聞かれたら、クリスチャンはグゥの音も出ないからです。赦し、赦されること。それは、私たちの人生を解放させる大きなターニングポイントとなるのです。

人を裁くな。そうすれば、自分も裁かれない。人を罪に定めるな。そうすれば、自分も罪に定められない。赦しなさい。そうすれば、自分も赦される。

（ルカによる福音書　６章37節）

［註28］「最高の人生の見つけ方（The Bucket List）」。２００７年公開のアメリカ映画。ロブ・ライナー監督。ジャック・ニコルソン、モーガン・フリーマン共演。

人生に感謝する

ロサンゼルスのあるホスピスでのお話しです。ある日、もの静かな雰囲気の初老のクリスチャン女性と、未だ60歳手前の中小企業の元社長が同じ日に入居して来ました。元社長は、やれあれがない、これがない、何でこうなんだ等々、ホスピスでもワンマンぶりを発揮し、一方の女性の方は、付き添いの娘さんと一緒に淡々と最後の日々を過ごされていました。

それから約90日後、元社長は、今まで一生懸命働いて来て、会社も何とか軌道に乗っているのに「自分は死んでも死にきれない」と、最後まで死を否認しながら亡くなって行きました。一方、女性の方は、介護してくれた娘さんに最後に一言「今まで色々とありがとう、じゃ先に行ってくるね」と言い、娘さんは「はい、お母さん、行ってらっしゃい」と、笑顔で答えられたそうです。

「人はその人が生きてきたようにしか死ぬことが出来ない」と言うのは本当です。特に病床での最後の一ヶ月は、それまでの人生の凝縮だと言われているように、今まで不平不満を言いながら生きてきた人は、やはり不平不満を言いながら死んで行き、感謝をしながら生きて来た人は、やはり感謝をしながら死んで行きます。それを言い換えますと「良き死であるためには、良き生を生きること」と言えると思います。

では「良き生を生きる」とは、具体的にどういった生き方なのでしょうか？それは特に難しいことでも、努力が必要なことでもありません。ただ「感謝して生きる」。それだけです。感謝すると言うことは、自分が置かれている状況を前向き・肯定的に捉えようとする姿勢から生まれます。例えば、自分の子供がいくら社会的に成功していても、家庭内での問題が絶えず、いつも暗い顔をしていられるより、例え貧しくとも、家族仲良く共に感謝をしながら生活してくれている方が、親として嬉しいのは、言うまでもありません。

世の中、感謝出来ないことの方が多いのが現実でしょう。しかし、だからと言って、怒ったり、悲観的になったり、否定的なことを言うのは、人前でわざとオナラをするようなもので、ダメと言うより、本人が損をしているのです。何故、自分は怒っているのか？　何故、哀しんでいるのか？　その原因を知ることが出来れば、問題解決の８割は終わっていると言われているように、常に自分を客観視する姿勢が大切です。

また、終活期における対人関係は、もはや複雑である必要はありません。人から好かれるコツは、共感する、褒める、手伝う、忘れる（否定的なこと）の四つ。お金や地位はなくしても信頼はなくすな。これらのことを心掛けるだけで十分です。

感謝の対象は、何も他者である必要はありません。今日１日、無事に過ごせたことに感謝、一生懸命頑張った自分に感謝、問題が最小限にとどまってくれたことに感謝。このように日々、感謝をするクセを付けておくと、心の焦点が怒りや不安などのネガティブな感情から離れ、ストレスの原因である人間関係の問題や、将来に対する不安なども多少なりとも良い方向へと向かって行きます。

事実、人間の脳は、こうしたポジティブな思考や感情を受け取ることによって、セロトニン、ドーパミン、オキシトシンと言った、幸せホルモンと呼ばれる脳内物質が分泌されます。つまり、こうした前向き・肯定的姿勢が、無意識の内にポジティブな脳内活動となって現れ、その結果、心の緊張を和らげ、心、体、霊共にリラックスした状態へと導いてくれるのです。

私たちは、人生の中で起きる様々な出来事に対して、これは良いこと、悪いこと、これは幸せなこと、不幸なこと。と、二つに分けて捉えがちです。確かに予期せぬ事故や災害、また病気などによって、人生の転換を余儀なくされた方もおられるかと思います。しかし、人生は「人間万事塞翁が馬」と言われるように、人生は一見良いことに見えたことが、後々悪い結果を招いたり、悪いと思っていたことが、逆に良い結果をもたらすことがあります。いや、そうあるべきなのです。大切なことは、今までがどうだったかではなく、これからをどうするかです。つまり人生は、人生の中で起きた出来事によって変わるのではなく、起きた出来事に対してどう対応したかによって変わって来るのです。

朝になれば太陽が昇り、季節になれば花が咲き、とりあえず好きなものを食べることが出来、行きたい時にトイレに行ける、こうした当たり前の一つ一つの背後には、神の守りがあります。自分は生きているのではなく、生かされている。そうした思いが感謝となって現れ、周りの人たちにも感謝を示すことが出来るようになって行くのです。

▲ジャン＝フランソワ・ミレー「晩鐘」

ミレー[註29]の「晩鐘」と言う、有名な絵があります。この絵に描かれている二人は、おそらく余計なものを買ったり、考えたりする余裕もない貧しい農民夫婦でしょう。しかし、この暗く質素な絵から感じられる美しさと清廉さは、辛く貧しい生活の中でも、感謝の祈りを忘れない。そうした真摯な心が、私たちの胸を打つからだと思います。

どんなに寒かった冬でも、その後には必ず春が訪れ、この地上で何が起ころうとも、季節になれば必ず花は咲くように、人生で起きて来る様々な試練は、必ず益へと変えられる。これが、聖書の神の約束です。

ですから辛いことも、悲しいことも、不安なことも、前向き・肯定的に受容する。何故なら、人生で起こる全てのことには意味があり、その最終的な目的は、あなたを真の幸福へと導くためだからです。

いつも喜んでいなさい。絶えず祈りなさい。どんなことにも感謝しなさい。これこそ、キリスト・イエスにおいて、神があなたがたに望んでおられることです。

（テサロニケの信徒への手紙一　5章16-18節）

［註29］ジャン＝フランソワ・ミレー（1814-1875）フランスの画家。彼は単なる田園風景画ではなく、実際に農民たちの生活と接しながら独自の絵を描き続けた。

著者略歴

田中 啓介（たなか・けいすけ）

米国南部バプテスト連盟所属、Good News Station 牧師。1958年、岐阜県高山市生まれ。実家は浄土真宗のお寺。1979 年渡米、アメリカでコック、バーテンダー、テレビ会社、ラジオ会社、新聞社等々、様々な職を転々とした後、キリスト教の牧師となる。以後、米国、日本、中国の教会を巡りつつ、聖書が本物であることを解き続けている。2010年帰国。日本の「家の教会」構築に尽力する。「聖書解釈は芸術だ！牧師と芸術家は貧しくないと本気になれない」がモットー。JTJ 宣教神学校卒、カリフォルニア神学大学院修士課程修了。

〒 501-3134 岐阜市芥見 4-151
goodnewsstationchurch@gmail.com

聖書的「終活」のススメ　君たちはどう生きているか

2024 年 6 月 12 日　第 1 刷発行

著　者　　田中啓介

発行人　　大杉　剛
発行所　　株式会社 風詠社
〒 553-0001　大阪市福島区海老江 5-2-2 大拓ビル 5 - 7 階
TEL 06（6136）8657　https://fueisha.com/
発売元　　株式会社 星雲社（共同出版社・流通責任出版社）
〒 112-0005　東京都文京区水道 1-3-30
TEL 03（3868）3275
印刷・製本　シナノ印刷株式会社

ISBN978-4-434-33952-3 C0095
乱丁・落丁本は風詠社宛にお送りください。お取り替えいたします。